W0247430

Inhalt

Archaeopteryx

Vögel sind mit Dinosauriern sehr
eng verwandt. Das Skelett des
Fleisch fressenden *Archaeopteryx*
zeigt, dass er einen Kiefer mit
Zähnen, vordere Gliedmaßen mit
Klauen und einen ebenso langen
Schwanz wie ein Dinosaurier hatte.

Dougal Dixon

Dinosaurier:

Fleischfresser

Kräftige Beine

Herrerasaurus, ein Fleisch fressender Dinosaurier, lief auf kräftigen Hinterbeinen. Mit seinen Zähnen und den Klauen an den Vorderbeinen konnte er seinem Opfer schwere Verletzungen zufügen. Sein Rücken war waagerecht. Der lange Schwanz hielt den Körper im Gleichgewicht. Genau diesen Körperbau hatten alle späteren Fleisch fressenden Dinosaurier.

Vor den Dinosauriern

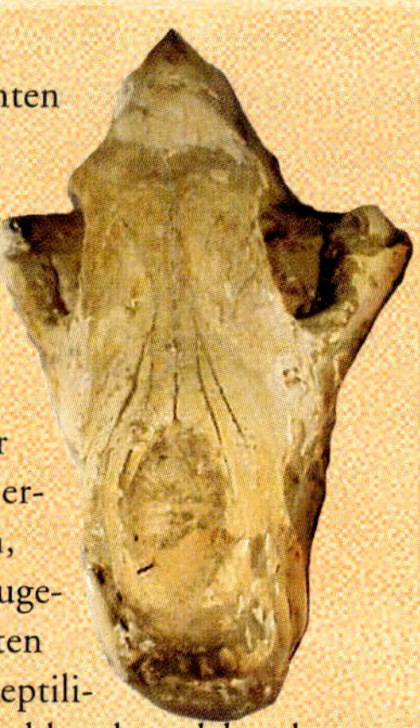

Während des Perms beherrschten Pflanzen fressende Tiere, die säugetierähnliche Reptilien waren, die Erde. Sie besaßen Zähne und manche waren behaart. Die größten ähnelten Flusspferden, z. B. der breitköpfige *Moschops*, der hier zu sehen ist. Als sich die ersten Dinosaurier entwickelten, erschienen auch die ersten Säugetiere auf der Erde. Sie stammten von den säugetierähnlichen Reptilien ab, waren klein, behaart und brachten lebende Junge zur Welt. Wenn die Dinosaurier nicht die Erde erobert hätten, wären wohl die Säugetiere die mächtigste Population geworden. So dauerte es noch 160 Millionen Jahre.

Eoraptor

Eoraptor hatte etwa die Größe von einem Fuchs und wie alle nachfolgenden Dinosaurier lief er aufrecht auf seinen Beinen. Dadurch war er viel schneller als die anderen Reptilien, die sich auf ihren seitlich abgespreizten Beinen fortbewegten.

Tigergroß

Herrerasaurus war viel größer als *Eoraptor*. Er hatte etwa die Größe eines Tigers. Er gehörte zu den sehr frühen Dinosauriern und war ein primitiver Vertreter der Theropoden, einer Unterordnung, die alle Fleisch fressenden Dinosaurier umfasst. Erwachsene Tiere konnten bis zu 3 m lang werden. Ein Skelett des *Herrerasaurus* fand man in Argentinien (Südamerika).

Die Angabe »Mio« auf den Zeitleisten bedeutet »Millionen Jahre vor unserer Zeit«

Woher kamen sie?

Dinosaurier! Die berühmtesten aller ausgestorbenen Tiere, walgroße Reptilien, die 160 Millionen Jahre lang die Herrscher der Erde waren. Reptilien entwickelten sich während des Karbons vor etwa 350 Millionen Jahren und erlebten in den folgenden Erdzeitaltern Perm, Trias, Jura und Kreide die Phase ihrer weitesten Verbreitung. Es gab an Land lebende, schwimmende und fliegende Reptilien, Pflanzenfresser (Herbivoren), Fleischfresser (Karnivoren) und Allesfresser (Omnivoren) – unterschiedlichste Arten in jedem Lebensraum. Am Ende der Kreidezeit vor etwa 65 Millionen Jahren starben alle großen Reptilien aus und die Säugetiere gewannen an Bedeutung. Reptilien gab es schon lange bevor die ersten Dinosaurier am Ende der Trias vor 225 Millionen Jahren auftauchten.

Eoraptor-Schädel
Die Röntgenaufnahme eines *Eoraptor*-Schädels zeigt, dass sein leichtgewichtiger Schädelknochen aus dünnen Streben aufgebaut war. Dieser leichte Knochenbau ermöglichte es dem Tier, sich schnell zu bewegen. Die Schädel der meisten nachfolgenden Dinosaurier waren ähnlich gebaut.

Rauisuchia
Bevor die Dinosaurier erschienen, waren die größten Jäger krokodilähnliche Landbewohner, die man als Rauisuchia bezeichnet. Sie hatten große Köpfe und viele scharfe Zähne. Obwohl sie sich langsam bewegten, waren sie schneller als die Pflanzen fressenden Reptilien, von denen es zu dieser Zeit sehr viele gab.

Karbon	Perm	Trias	Früher/Mittlerer Jura	Später Jura
360–286 Mio.	286–248 Mio.	248–208 Mio.	208–157 Mio.	157–146 Mio.

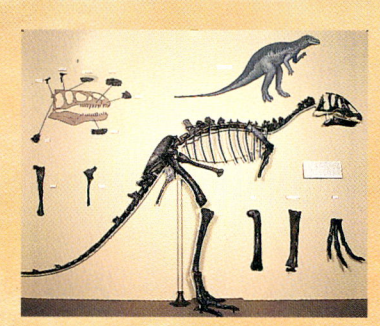

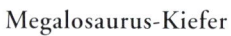

Ein Megalosaurus?

Lange Zeit wurde der Name *Megalosaurus* den fossilen Überresten jedes Fleisch fressenden Dinosauriers gegeben, die in Großbritannien bzw. in ganz Europa gefunden wurden. Alle Arten nicht verwandter Dinosaurier erhielten fälschlicherweise den Namen. Jetzt wurden diese vielen verschiedenen Tiere neu eingeordnet. Es gibt ein fast vollständiges Skelett von *Eustreptospondylus* im Museum der Universität Oxford (England). Das war einer der Dinosaurier, die früher auch für einen *Megalosaurus* gehalten wurden.

Megalosaurus-Kiefer

Der Unterkieferknochen und die Zähne von *Megalosaurus* waren die ersten Teile des Tieres, die entdeckt wurden. Man hat sie um 1815 in Oxfordshire (England) ausgegraben. Der Geistliche William Buckland untersuchte die Fossilien und leitete von den scharfen, spitzen Zähnen ab, dass sie zu einem Fleisch fressenden, großen Reptil gehört haben müssen. Andere Wissenschaftler untersuchten die Überreste um 1820 und einer von ihnen – man weiß nicht, wer es war – führte den Namen *Megalosaurus* ein.

Der erste Dinosaurier-Park

Im 19. Jahrhundert gab es ein großes öffentliches Interesse an den Naturwissenschaften. Deshalb verwandelte man einen Teil des Parks um den Kristallpalast im Süden Londons in eine Urlandschaft. Plastische Abbildungen von den drei damals bekannten Dinosauriern und Meeresreptilien wurden errichtet. Sie stehen heute noch. Alles, was man von *Megalosaurus* kannte, waren sein Kieferknochen, die Zähne und einige Knochenstücke. Da niemand wusste, wie das Tier wirklich ausgesehen hat, wurde es als ein Furcht erregendes, vierfüßiges, drachenähnliches Lebewesen dargestellt.

Trias	Früher/Mittlerer Jura	Später Jura	Unterkreide	Oberkreide
248–208 Mio.	208–157 Mio.	157–146 Mio.	146–97 Mio.	97–65 Mio.

Die ersten bekannten Dinosaurier

Die Menschen wissen schon sehr lange von riesigen Knochen, die im Gestein eingebettet waren. Früher wurden Legenden über die Knochen von Riesen, Drachen und anderen mythischen Lebewesen erzählt. Anfang des 19. Jahrhunderts hatte die Wissenschaft bereits genügend Fortschritte gemacht, sodass Naturwissenschaftler die Herkunft von Fossilien richtig einschätzen konnten. 1842 erfand der britische Anatom Sir Richard Owen den Begriff »Dinosaurier«, Schreckechse, um drei versteinerte Tiere, deren Skelette in den vorangegangenen 20 Jahren in England gefunden worden waren, einzuordnen. Eines war der Pflanzen fressende *Iguanodon*, über den die Forscher heute sehr viel wissen. Ein weiteres Tier war der gepanzerte *Hylaeosaurus*, der immer noch Rätsel aufgibt. Das erste Skelett, das gefunden und beschrieben wurde, war das vom Fleisch fressenden *Megalosaurus*.

William Buckland (1784–1856)

Er war Geistlicher und verbrachte seine sonst sehr knappe Zeit mit naturwissenschaftlichen Forschungen. Die meisten Versteinerungen, die er untersuchte, gehörten Meeresbewohnern – Schalentieren und Reptilien. Buckland hat den Namen *Megalosaurus* wahrscheinlich nicht eingeführt, aber alle wissenschaftlichen Arbeiten über dieses Tier wurden damals von ihm durchgeführt.

Moderne Auffassung

Bis heute haben wir keine klare Vorstellung, wie *Megalosaurus* aussah, da nur ganz wenig versteinerte Überreste gefunden wurden. Wie alle Fleischfresser muss er auf seinen Hinterbeinen gelaufen sein. Er hatte einen großen Kopf, der nach vorne gebeugt war; das Gleichgewicht hielt er mithilfe des schweren Schwanzes. Versteinerungen, die in Nordfrankreich gefunden wurden, lassen vermuten, dass *Megalosaurus* ein Aasfresser der Küstenregionen war. Er streifte an den Stränden umher und lebte von den toten Lebewesen, die dort angespült wurden.

Frühe Jäger

Die meisten frühen Fleisch fressenden Dinosaurier waren klein, manche nicht größer als unsere Hauskatzen und -hunde. Sie ernährten sich in erster Linie von noch kleineren Tieren wie Eidechsen und frühen Säugetieren. Die Pflanzen fressenden Reptilien waren sehr große Tiere und eine gute Beute für die Fleischfresser. Einige der frühen Dinosaurier hatten eine spezielle Jagdtaktik entwickelt. Sie jagten in Gruppen, sodass sie hin und wieder diese großen Pflanzenfresser zu Fall bringen und töten konnten. Ähnlich jagen heute z. B. die kanadischen Wölfe, die Elche erbeuten, die viel größer als sie selbst sind, oder die Hyänen in den Savannen Afrikas, die die wesentlich größeren Weißschwanzgnus angreifen.

Fußabdrücke in Connecticut

Zu Beginn des 19. Jahrhunderts, lange bevor irgendjemand etwas über Dinosaurier wusste, fanden Farmer aus New England (USA) Abdrücke mit drei Zehen im Sandstein der Trias am Fuße der Appalachen (Bild oben). Zuerst glaubte man, die Abdrücke stammten von riesigen Vögeln, die angeblich vor der Sintflut in diesem Gebiet gelebt hatten. Heute wissen wir, dass es sich um die Fußabdrücke von Dinosauriern handelt. Wahrscheinlich wurden sie von *Coelophysis* oder einem ähnlichen Tier hinterlassen.

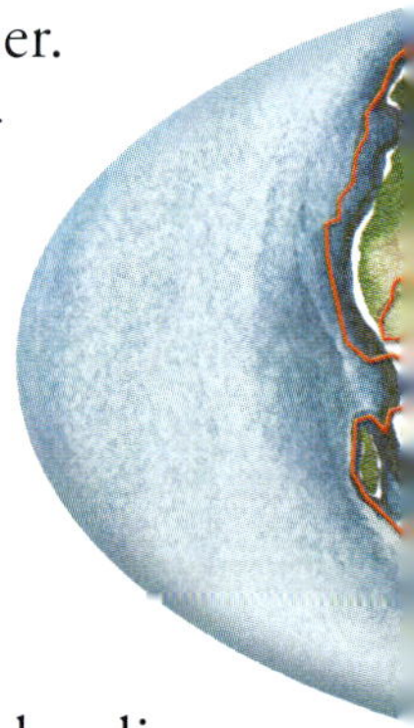

Trias	Früher/Mittlerer Jura	Später Jura	Unterkreide	Oberkreide
248–208 Mio.	208–157 Mio.	157–146 Mio.	146–97 Mio.	97–65 Mio.

Fußabdrücke von Vögeln und Dinosauriern

Vögel und Dinosaurier sind so nah verwandt, dass man ihre Fußabdrücke leicht verwechseln kann. In einigen Gebirgsketten aus Gesteinsformationen des Juras und der Kreide, vor allen Dingen in den Ausläufern der Rocky Mountains westlich von Denver (USA), gibt es versteinerte Fußabdrücke von Dinosauriern und Vögeln. Die Vogelabdrücke können von denen der Dinosaurier unterschieden werden, weil ihre Zehen weiter auseinander gespreizt sind, etwa 90°, die der Saurier nur 45°. Bei den Vögeln ist oft auch ein Abdruck einer kleinen vierten Zehe zu sehen, die nach hinten zeigt. Bei Dinosauriern ist diese Zehe gewöhnlich nicht zu sehen.

Dinosaurier

Vogel

Die Erde

Die Erde sah Ende der Trias, Anfang Jura ganz anders aus. Alle kontinentalen Landmassen waren eine einzige Fläche, die Pangäa. Das bedeutete, dass Tiere derselben Art überallhin wandern konnten. Deshalb finden wir die Überreste fast identischer Tiere in New Mexiko und Connecticut (USA), aber auch in Simbabwe, das Tausende von Kilometern entfernt auf dem afrikanischen Kontinent liegt.

Syntarsus

1972 wurde in Rhodesien (heute Simbabwe) eine große Ansammlung von Fossilien gefunden. Eine Masse Knochen lag eingebettet in eine dünne Schicht Flusssediment, eingeklemmt zwischen Gestein, das sich aus Sanddünen gebildet hatte. Es handelt sich um die Versteinerung einer Herde kleiner Fleisch fressender Dinosaurier, die in Größe und Alter unterschiedlich waren. Sie sind wohl in einer Flutwelle ertrunken, die sie erfasste, während sie das ausgetrocknete Flussbett überquerten. Diese Fleisch fressenden Dinosaurier, die *Syntarsus* genannt werden, waren fast genauso gebaut wie *Coelophysis*. Manche Wissenschaftler glauben, dass es sich um verschiedene Arten der gleichen Tiergattung handelte.

Coelophysis

Coelophysis aus der späten Trias war ein 3 m langer Fleischfresser. Um 1940 entdeckte man eine versteinerte Herde in New Mexiko – sie war während einer Dürreperiode umgekommen. Da die Tiere zusammen starben, nimmt man an, dass sie sich in Herden oder Familienverbänden fortbewegten. Ein weiteres Verhaltensmuster kam ans Licht, als man das Skelett eines jungen Tieres in der Magengegend eines erwachsenen fand. Die Tiere waren wegen des Nahrungsmangels wohl so verzweifelt, dass sie ihre eigenen Artgenossen verspeisten.

Kämme auf den Köpfen

Viele Vögel tragen leuchtende Farben, der Pfau auf seinen langen Schwanz-federn, der Tukan hat einen grellbunten Schnabel, das Rotkehlchen eine rote Brust. Farben sind ein Teil der Verständigung zwischen Vögeln. Ihr Gehirn kann die Farben erkennen, so weiß das Tier, ob der andere Vogel ein Freund oder ein Feind ist. Vögel sind mit Dinosauriern verwandt (siehe S. 20/21), sie haben ähnliche Gehirne und Sinnesorgane. Es ist sehr wahrscheinlich, dass auch Dinosaurier Farben zur Verständigung benutzt haben. Manche Dinosaurier, insbesondere die Fleischfresser, trugen Kämme und Hörner, die so leuchtend gefärbt waren wie das Federkleid der heutigen Vögel.

Lebender Dilophosaurus

Ein lebender *Dilophosaurus* sah vermutlich prächti[g] aus. Man nimmt an, dass sein Kamm beson-ders bunt war, entweder um die Feinde abzu-wehren oder die Weibchen anzulocken. Der Rest des Tieres dürfte eine genauso leuch-tende Farbe gehabt haben. Die Wamme, die Hautfalte zwischen Kehle und Vor-derbrust, war wahrscheinlich bunt wie bei den Echsen von heute und wurde ebenfalls zur Schau gestellt.

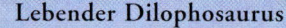

Vorwärts gebogen

Der Fleischfresser Cryolophosaurus, der in der Antarktis des frühen Juras lebte, hatte einen Kamm, der sich über die Augen nach vorne bog. Der knöcherne Kamm war wahr-scheinlich mit leuchtend gefärbtem Horn oder bunter Haut überzogen. Cryolopho-saurus ist der einzige bekannte Dinosaurier, dessen Kamm nicht entlang des Schädels, sondern quer darüber verlief. Mit 8 m Länge war er vermutlich der größte Fleischfresser seiner Zeit. Seine Größe wurde durch den Kamm noch betont.

Monster mit Hörnern

Einer der gefürchtetsten Dinosaurier im späten Jura war *Ceratosaurus*, der eine Länge von 20 m hatte. Er lebte im heutigen Nordamerika und in Tansania, Ostafrika. *Ceratosaurus* hatte einen schweren Kopf mit einem Horn auf der Nase und einem weiteren Paar Hörnern über den Augen. Der schwere Schädel lässt vermuten, dass diese Tiere miteinander kämpften, indem sie die Köpfe gegeneinander schlugen. Die Hörner waren dagegen sehr leicht gebaut und wären als Waffen nicht von Nutzen gewesen. Wahrscheinlich trugen ausschließlich die männlichen Tiere Hörner, weil sie für Paarungsrituale wichtig waren.

Monolophosaurus

Der Kamm von *Monolophosaurus* bestand aus einem Paar Schädelknochen, die miteinander verschmolzen waren und nach oben wuchsen. Lufträume und -kanäle zwischen diesen Knochen waren mit den Nasenlöchern verbunden. Sie verstärkten vermutlich die Grunz- und Brülllaute, die in der Kehle des Tieres erzeugt wurden. Dieser Kamm könnte also sowohl durch Geräuschverstärkung als auch durch seine Signalwirkung der Verständigung gedient haben.

Dilophosaurus-Skelett

Dilophosaurus war ein bärengroßer, Fleisch fressender Dinosaurier, der im frühen Jura in Nordamerika lebte. Neben dem Skelett, das man zuerst fand, lagen halbkreisförmige plattenähnliche Gebilde. Spätere Funde zeigten, dass diese Strukturen Kämme waren, die entlang des Schädels parallel zueinander verliefen. Aber kein Skelett kann uns sagen, welche Farbe die Kämme wirklich hatten.

Trias 248–208 Mio.	Früher/Mittlerer Jura 208–157 Mio.	Später Jura 157–146 Mio.	Unterkreide 146–97 Mio.	Oberkreide 97–65 Mio.

Riesige Kralle

Baryonyx wurde 1983 in Südengland von einem Hobby-Fossilien-sammler entdeckt. Sein Skelett war so vollständig, dass man eine klare Vorstellung bekam, wie dieses Tier ausgesehen haben muss. *Baryonyx* war ein ungewöhnlicher Fleisch fressender Dinosaurier, der krokodilartige Kiefer mit unzähligen scharfen Zähnen hatte. An seinen Vordergliedmaßen befand sich je eine riesengroße, ge-krümmte Kralle, mit der er Fische fing.

Baryonyx war im Stehen 3 m hoch und jede seiner Krallen maß etwa 35 cm. Er durchstreifte ein großes Gebiet, das sich von England bis nach Nordafrika erstreckte.

Spinosaurus

Drohgebärden

Suchomimus wurde 1998 von einer Forschergruppe aus den USA und dem Niger in einem abgelegenen, von Dünen bedeckten Teil der Sahara gefunden. Der gewaltige räuberische Dinosaurier mit einem krokodilähnlichen Schädel und riesigen Klauen war 11 m lang und bis zur Hüfte 4 m hoch. Die Krallen an den Dau-men und die kräftig gebauten Vorderbeine wurden zum Beutefang be-nutzt. Das dünne Segel auf seinem Rücken, das über dem Becken eine Höhe von einem halben Meter erreichte, dürfte leuch-tend gefärbt gewesen sein und nur der Zur-schaustellung gedient haben.

Spinosaurus	*15 m lang, 7 m hoch*
Suchomimus	*11 m lang, 4 m hoch*
Baryonyx	*10 m lang, 3 m hoch*
Irritator	*6 m lang, 2 m hoch*

Baryonyx

Großmaul

Viele Reptilien, die heute leben, haben Ähnlichkeit mit den Spinosauriden. Krokodile und Alligatoren zum Beispiel haben lange Kiefer und viele Zähne und sie fangen Fische auf eine ähnliche Weise. Wie Spino-sauriden wurden diese Reptilien lange Zeit fälschlicherweise verdächtigt, ihre Jungen zu fressen.

Spinosauriden – die Fischfresser

Unter Fisch fressenden Lebewesen stellen wir uns gewöhnlich Tiere vor, die im Wasser leben. Aber es gibt eine Reihe von Landbewohnern, die auch Fisch mögen. Grislibären kann man oft an Wasserfällen beobachten. Dort fangen sie Lachse, die sich auf dem Weg zu ihren Laichgründen befinden. Otter leben meist an Land, fangen aber Fische. Im Jura war es ähnlich. Eine besondere Familie, die Spinosauriden, deren Vertreter Landbewohner waren, scheinen für den Fischfang sehr gut ausgerüstet gewesen zu sein. Sie hatten lange Kiefer mit unzähligen kleinen Zähnen und eine riesige Kralle an jeder Hand. Sie lebten in der Unterkreide und ihre Überreste wurden vom heutigen Südengland bis Nordafrika und Südamerika auf der ganzen Welt gefunden.

Suchomimus

Irritator

Stacheliger Bursche

Spinosaurus wurde 1915 in Ägypten ausgegraben. Leider wurden seine Überreste zerstört, als das Museum in Deutschland, in dem er ausgestellt war, im Zweiten Weltkrieg von Bomben getroffen wurde. Was wir über ihn wissen, ist, dass er so groß wie *Tyrannosaurus* war und an seinem Rücken ein Segel von fast 2 m Höhe trug. Das Segel diente vermutlich zur Abkühlung an heißen Tagen. 1999 entdeckte eine amerikanische Forschergruppe den ursprünglichen Fundort in Ägypten. Deshalb besteht Hoffnung, dass man in Zukunft noch Exemplare finden wird.

Verwirrspiel

Irritator verdankt seinen Namen den verwirrenden Umständen seiner Erforschung. Sein Schädel wurde um 1990 in Brasilien ausgegraben und zu einem Museum in Stuttgart geschickt. Dort entdeckten die Forscher, dass derjenige, der ihn ausgegraben und ans Museum verkauft hatte, Stücke hinzugefügt und sie mit Spachtelmasse festgeklebt hatte. So bearbeitet sollte der Schädel mehr Aufsehen erregen. Da man ihn jetzt ohne Beiwerk betrachten kann, geht man davon aus, dass es sich um einen kleinen Vertreter der Spinosauriden handelt.

Trias	Früher/Mittlerer Jura	Später Jura	Unterkreide	Oberkreide
248–208 Mio.	208–157 Mio.	157–146 Mio.	146–97 Mio.	97–65 Mio.

Nqwebasaurus

Die Wissenschaftler, die um 1990 in Süd-
afrika ein fast vollständiges Skelett eines
1 Meter langen *Nqwebasaurus* fanden, das
in Gestein aus der Unterkreide eingebettet
war, waren sehr aufgeregt. Jetzt hatten
sie den Beweis, dass die Familie der
Coelosauriden, zu der die meisten kleinen
Fleisch fressenden Dinosaurier gehörten,
während der Kreidezeit auf südlichen
Kontinenten genauso vorkam wie in
Nordafrika, Europa und Asien.

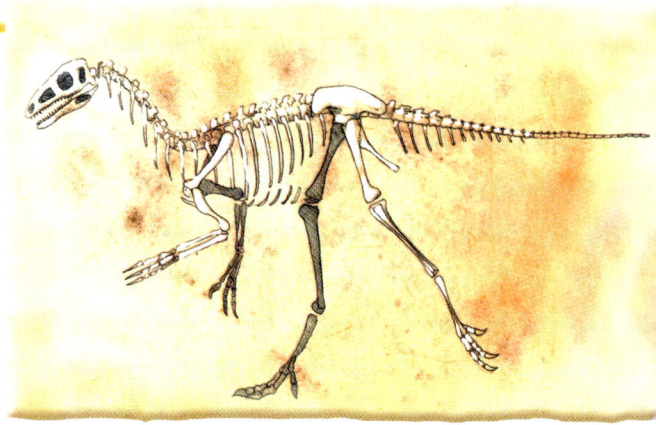

Italienische Schönheit

Dieses prächtig konservierte Skelett von
Scipionyx wurde um 1990 in Gestein
aus der Oberkreide in Italien gefunden. Es war so exakt versteinert,
dass sogar weiche Gewebeteile,
wie Lungen und Eingewei-
de, erhalten geblieben
waren. Der Fund
bestätigt, dass dieses
Tier, vermutlich wie alle anderen kleinen Dinosaurier
eine sehr wirksame Atmung hatte, während es lief.
Scipionyx war deshalb wahrscheinlich ein kräftiger
und aktiver Jäger. Die Art, wie die Knochen
zusammengefügt sind, deutet daraufhin, dass
dieses Exemplar von *Scipionyx* nur 25 cm lang
und noch nicht ausgewachsen war.

Der kleinste Fußabdruck

Um 1970 wurde in Gestein aus der späten
Trias in Neufundland (Kanada) der winzige Fußabdruck eines Dinosauriers gefunden, der nicht größer als eine Drossel gewesen ist. Dieser Abdruck ist die einzige
Spur, die wir von dem kleinsten je gefundenen Dinosaurier haben. Ob es sich um
ein junges oder ein voll ausgewachsenes
Tier gehandelt hat, weiß bis jetzt noch
niemand.

Die kleinsten Dinosaurier

Wenn wir über Dinosaurier, Schreckechsen, nachdenken, stellen wir uns gewöhnlich riesige und Furcht erregende Tiere vor – das sind diejenigen, die unsere Fantasie beherrschen. Aber einige Dinosaurier waren ganz kleine Lebewesen, nicht größer als ein Huhn. Sie flitzten zwischen den Riesen auf dem Boden herum und kamen wahrscheinlich viel häufiger vor als die großen Dinosaurier. Da ihre Knochen sehr leicht und ihre Skelette sehr zart waren, sind bedauerlicherweise nur wenige von ihnen versteinert worden. Nichtsdestotrotz wurde eine Reihe von gut erhaltenen Exemplaren gefunden, die sehr detailreich im Stein abgebildet waren.

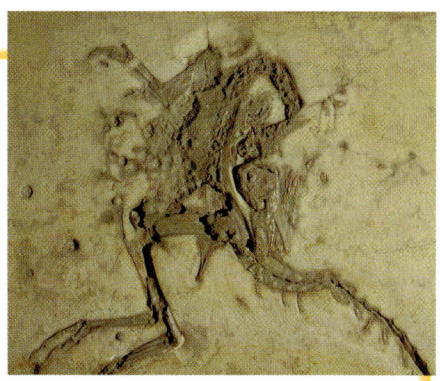

Compsognathus-Skelett
Eines der beiden bisher gefundenen *Compsognathus*-Skelette ist so gut erhalten, dass man auch den Mageninhalt erkennen kann. Die letzte Mahlzeit war unter anderem eine kleine Echse. Einige Wissenschaftler glaubten, dass der *Compsognathus* das Junge eines anderen Dinosauriers war. Aber die Klümpchen, die um das Skelett verstreut lagen, sind wahrscheinlich Eier, die noch nicht gelegt waren, als das Tier starb. Sie beweisen, dass es sich bei diesem *Compsognathus* um ein erwachsenes Weibchen handelt.

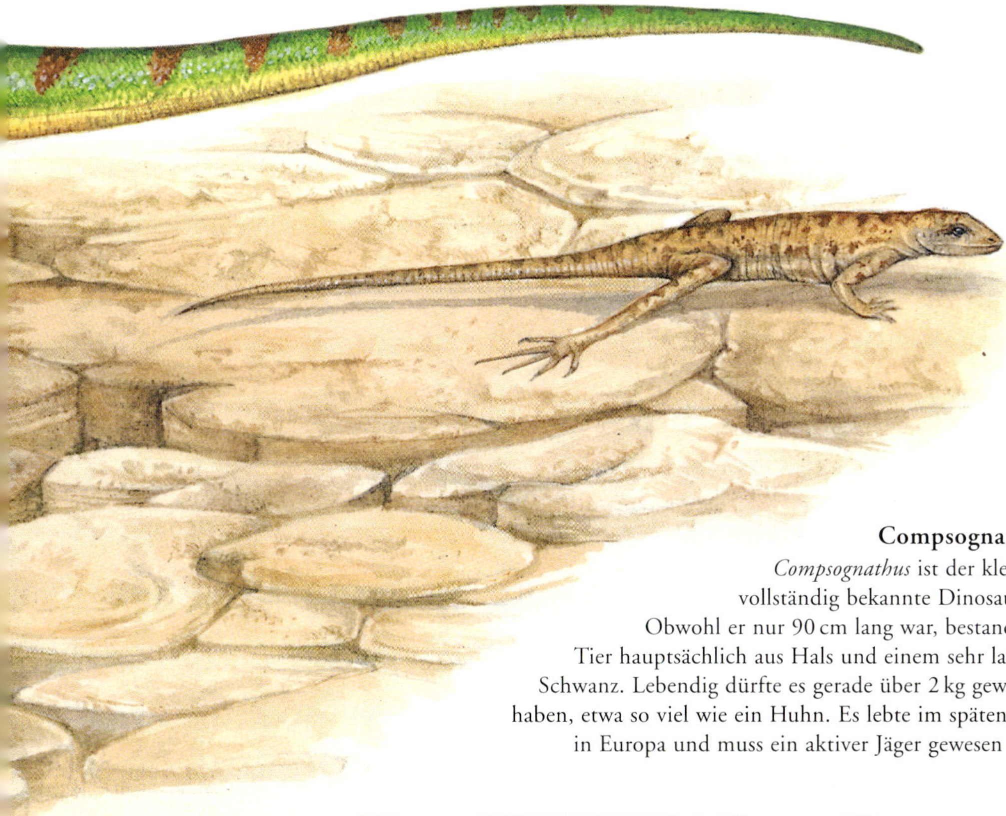

Compsognathus
Compsognathus ist der kleinste vollständig bekannte Dinosaurier. Obwohl er nur 90 cm lang war, bestand das Tier hauptsächlich aus Hals und einem sehr langen Schwanz. Lebendig dürfte es gerade über 2 kg gewogen haben, etwa so viel wie ein Huhn. Es lebte im späten Jura in Europa und muss ein aktiver Jäger gewesen sein.

Trias	Früher/Mittlerer Jura	Später Jura	Unterkreide	Oberkreide
248–208 Mio.	208–157 Mio.	157–146 Mio.	146–97 Mio.	97–65 Mio.

Der Schädel

Ein typischer *Allosaurus-Schädel* ist etwa 1 m lang. Im Kiefer saßen mehr als 70 Zähne, von denen manche bis zu 8 cm groß waren. Die Zähne waren gekrümmt, spitz und scharf – ideal um Fleisch zu zerstückeln. Seine Schädelknochen waren nur lose miteinander verbunden, sodass er die Schnauze auf und ab bewegen konnte. Der Unterkiefer war um ein Gelenk drehbar und konnte seitlich bewegt werden. Das erleichterte das Hinunterschlucken der riesigen Fleischbrocken.

Der Riese des Juras

Manche Dinosaurier wurden ihrem Ruf, gewaltige, Furcht erregende Geschöpfe zu sein, tatsächlich gerecht. Das wahrscheinlich fürchterlichste Tier des späten Juras war *Allosaurus*. Seine Überreste wurden in Tansania (Afrika) und in der berühmten Morrison-Formation, die sich im Westen der USA von der kanadischen Grenze bis New Mexico erstreckt, gefunden. Die Ablagerungen dort lieferten die wichtigsten Dinosaurier-Entdeckungen in der zweiten Hälfte des 19. Jahrhunderts. Man fand über 100 verschiedene Arten von Dinosauriern, meistens Pflanzenfresser. Der mächtigste Fleischfresser, der dort gefunden wurde, war *Allosaurus*.

Die Muskeln

Durch die Untersuchung der Knochenanordnung im Skelett eines *Allosaurus* erkannte man die Verbindungspunkte einzelner Muskeln. Wissenschaftler konnten deshalb genau ausarbeiten, wie seine Muskulatur ausgesehen haben könnte. Die Beinmuskeln ermöglichten es ihm, sich mit einer Geschwindigkeit von 30 km/h zu bewegen – nicht besonders flink, aber schnell genug, um die langsameren Pflanzenfresser zu fangen. Seine Nackenmuskeln müssen sehr stark gewesen sein, um den schweren Kopf und den mächtigen Kiefer zu bewegen.

Die Füße

Die Füße des *Allosaurus* hatten je drei kräftige Zehen, die stark genug waren, um das ganze Gewicht eines erwachsenen Tieres, über eine Tonne, zu tragen. Anders als seine Finger waren die Zehen nicht mit gekrümmten Krallen ausgestattet, sondern mit breiten Hufen, die das Tragen des schweren Körpers erleichterten. Im Vergleich zu seiner Körpergröße waren die Beine nicht besonders lang und eindeutig nicht auf hohe Geschwindigkeit ausgelegt.

Das Jagen

Die Knochen von Pflanzenfressern wie *Camarasaurus*, die in der Morrison-Formation gefunden wurden, lagen oft neben abgebrochenen Zähnen von Fleisch fressenden Dinosauriern. Solche Entdeckungen lassen darauf schließen, dass die großen Pflanzenfresser – besonders kranke Tiere – häufig von großen Fleischfressern wie *Allosaurus* angegriffen und getötet wurden. Wenn der Angreifer genug gefressen hatte, haben wahrscheinlich Herden von kleineren Fleischfressern wie *Ceratosaurus* die Reste verspeist.

Die Vordergliedmaßen

An den Vordergliedmaßen hatte *Allosaurus* drei Krallen; eine war mit 25 cm viel länger als die anderen beiden. Das Gelenk von diesem ersten Finger ermöglichte, die Riesenklaue nach innen zu drehen. Allosaurus hat vermutlich seine Beute gepackt, sie getötet und dann zerstückelt. Die Spannweite seiner Hand dürfte groß genug gewesen sein, um den Kopf eines erwachsenen Mannes zu umfassen, wenn es damals schon Menschen gegeben hätte.

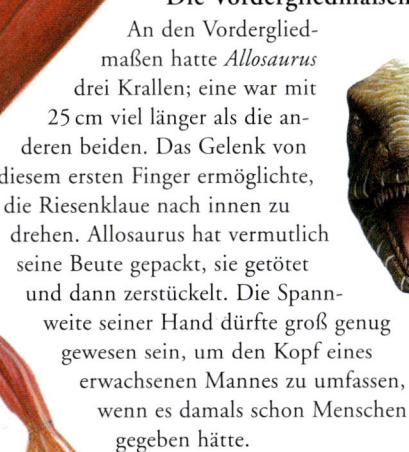

Allosaurus

Durch Tausende Knochen, darunter einige fast vollständige Skelette, haben wir eine ziemlich genaue Vorstellung davon, wie *Allosaurus* ausgesehen hat. Diese Knochen gehörten jungen Tieren, die von der Nase bis zur Schwanzspitze etwa 3 m lang waren, sowie ausgewachsenen Exemplaren von etwa 9 m Länge. Einige der gefundenen *Allosaurus*-Knochen müssen einem 12 m langen Monster gehört haben. Präparierte Abdrücke von *Allosaurus*-Skeletten kann man heute in vielen Museen überall auf der Welt bewundern. Die neuesten Knochenfunde werden gewöhnlich untersucht und nicht ausgestellt.

Trias	Früher/Mittlerer Jura	Später Jura	Unterkreide	Oberkreide
248–208 Mio.	208–157 Mio.	157–146 Mio.	146–97 Mio.	97–65 Mio.

Schnelle Jäger

Ende des 19., Anfang des 20. Jahrhunderts gab es die Theorie, dass Vögel und Dinosaurier verwandt sind. Eine lange Zeit verlor man diese Behauptung aus den Augen. Um 1960 wurde sie dann wieder aktuell, als man eine Gruppe von Dinosauriern entdeckte, die Vögeln sehr stark ähnelte. Die Tiere waren unterschiedlich groß – von der Größe einer Gans bis zu der eines Tigers. Sie hatten an den Vorderarmen Gelenke, die wie die an Flügeln gebaut waren, und sehr kräftige Hinterbeine mit riesigen, sichelförmigen tödlichen Klauen an den Füßen. Die Tiere waren also sehr schnelle Läufer und gefürchtete Jäger. Diese Dinosaurier bezeichnet man als Dromaeosauriden, eine Familie der Abteilung Maniraptora.

Vogel oder Dromaeosaurier?
Rahonavis, ein Vogel der Unterkreide aus dem heutigen Madagaskar mit einer regelrecht tödlichen Kralle am Fuß, hatte das Skelett eines Dromaeosauriers. Hätte er nicht voll funktionsfähige Flügel gehabt, wäre er den Dromaeosauriden zugeordnet worden.

Schreckliche Kralle
Das Skelett eines Pflanzen fressenden *Tenontosaurus*, das in Gesteinsformationen aus der Oberkreide in Montana (USA) gefunden wurde, war von den Überresten mehrerer *Deinonychus*-Exemplare umgeben. *Deinonychus* jagte also in Herden. Er kreiste das Beutetier ein und zerfetzte es dann bis zu seinem Tod. Vielleicht stand *Deinonychus*, der dank seines Schwanzes gut das Gleichgewicht halten konnte, auf einem Fuß und hat mit dem anderen sein Opfer aufgeschlitzt. Vielleicht hat er sich auch mit seinen krallenbesetzten Vordergliedmaßen am Beutetier festgehalten und mit beiden Hinterfüßen dagegengehauen. Bevor er starb, muss der *Tenontosaurus* heftig gekämpft und einige seiner Angreifer getötet haben.

Utahraptor

Deinonychus

Velociraptor

Bambiraptor

Verschiedene Dromaeosauriden

Der etwa gansgroße *Bambiraptor* ist der kleinste Vertreter der Dromaeosauriden. *Velociraptor* war so groß wie ein Truthahn. Wissenschaftler wurden erst um 1960 auf den vogelähnlichen Bau dieser Tiere aufmerksam, als der tigergroße *Deinonychus* entdeckt wurde. Größere Dromaeosauriden waren bekannt, aber nur durch einzelne Knochenstücke. *Utahraptor* wog mehr als eine Tonne, während Megaraptor (nicht abgebildet), von dem man nur eine 34 cm lange tödliche Kralle kennt, etwa die Größe eines gewaltigen Fleischfressers wie *Allosaurus* (siehe S. 14/15) gehabt haben muss. Außer *Megaraptor* wurden alle diese Tiere in Gesteinsformationen der Oberkreide in Nordamerika gefunden.

Früher Vogel

Die Versteinerung des ersten Vogels *Archaeopteryx*, die aus dem späten Jura stammt, wurde 1861 in Solnhofen in Deutschland gefunden. Wenn es nicht die Abdrücke der Federn in der Versteinerung gegeben hätte, wäre man irrtümlich davon ausgegangen, einen Dinosaurier gefunden zu haben. Denn das Skelett hatte einen Kiefer mit Zähnen, Krallen an den Füßen und einen langen Schwanz. Genauso wie sich *Archaeopteryx* zu einem modernen Vogel entwickelte, ist es möglich, dass manche seiner Nachkommen ihre Flugfähigkeit verloren und sich zu Dromaeosauriden und anderen verwandten Fleisch fressenden Dinosaurien der Kreide entwickelt haben.

Bambiraptor

Alle Zweifel darüber, ob Dromaeosauriden mit Vögeln verwandt waren oder nicht, wurden in den späten 1990er-Jahren beseitigt, als ein fast vollständiges Skelett eines *Bambiraptors* in Gestein aus der Oberkreide in Montana (USA) entdeckt wurde. Jeder Knochen und jedes Gelenk scheint von einem Vogel zu sein. Zweifellos hatte man ein warmblütiges Tier mit Federn entdeckt.

Trias	Früher/Mittlerer Jura	Später Jura	Unterkreide	Oberkreide
248–208 Mio.	208–157 Mio.	157–146 Mio.	146–97 Mio.	97–65 Mio.

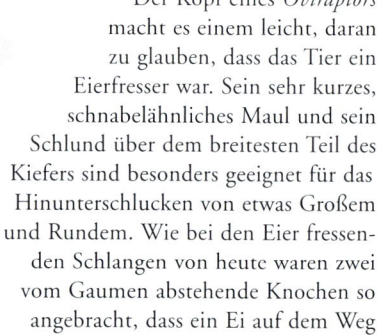

Troodon

Troodon gehörte zu den Maniraptora, obwohl er nicht ganz so vogelähnlich war wie die Dromaeosauriden. Dieser kleine Fleischfresser aus der Oberkreide war etwa 2,5 m lang und dürfte ein Federkleid getragen haben.

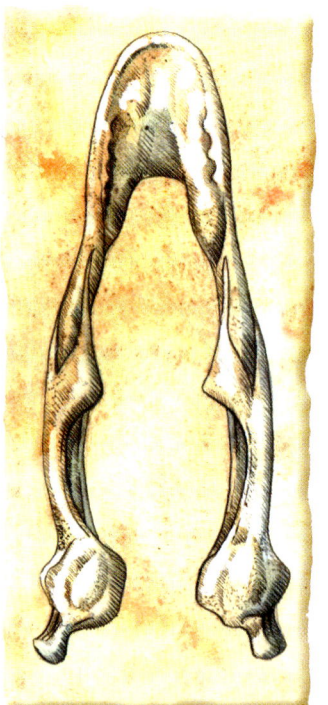

Kieferknochen von Caenagnathus

Caenagnathus war ein Dinosaurier, der vermutlich einem *Oviraptor* ähnelte und Eier fraß. Sein zahnloser Unterkiefer war in der Mitte ziemlich breit und hat sich sicher gut dafür geeignet, Eier hinunterzuschlucken. Da keine anderen Überreste gefunden wurden, bleibt das Aussehen von *Caenagnathus* geheimnisvoll.

Kopf des Oviraptors

Der Kopf eines *Oviraptors* macht es einem leicht, daran zu glauben, dass das Tier ein Eierfresser war. Sein sehr kurzes, schnabelähnliches Maul und sein Schlund über dem breitesten Teil des Kiefers sind besonders geeignet für das Hinunterschlucken von etwas Großem und Rundem. Wie bei den Eier fressenden Schlangen von heute waren zwei vom Gaumen abstehende Knochen so angebracht, dass ein Ei auf dem Weg den Schlund hinunter aufgebrochen werden konnte. Seine langen Finger eigneten sich gut zum Greifen von Eiern. Es hätte sonst auch kaum Nahrung für ihn in den mongolischen Wüstenebenen der Oberkreide gegeben.

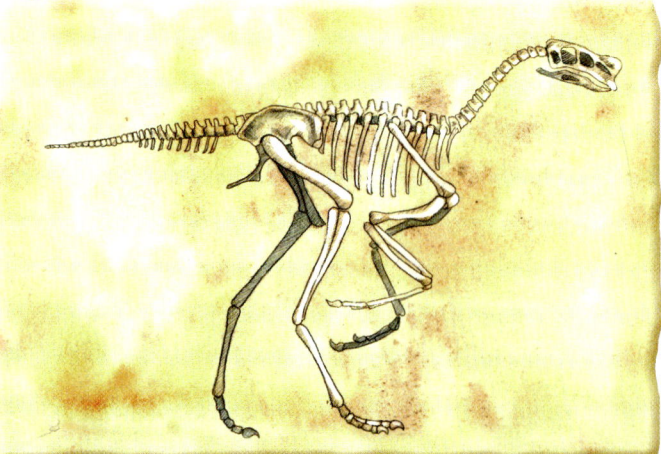

Eierräuber

Der Kiefer von *Caenagnathus* ähnelte dem von *Chirostenotes*. Er war ein truthahngroßer Dinosaurier mit sehr langen Fingern, die ihm ermöglichten, aus den Nestern anderer Dinosaurier Eier zu rauben. Wahrscheinlich gab es in der Oberkreide viele verschiedene Arten von Eier stehlenden Dinosauriern.

Trias	Früher/Mittlerer Jura	Später Jura	Unterkreide	Oberkreide
248–208 Mio.	208–157 Mio.	157–146 Mio.	146–97 Mio.	97–65 Mio.

Eier & Nester

Wie die Vögel heute, bauten auch manche Dinosaurier Nester und legten Eier. Die ersten bekannten Dinosauriernester wurden 1923 von einer Expedition des Amerikanischen Naturhistorischen Museums in der Wüste Gobi gefunden. Die Nester lagen in der Mitte von Herden der gehörnten Dinosaurier *Protoceratops*. Neben den vermeintlichen *Protoceratops*-Eiern lag das Skelett eines zahnlosen Fleischfressers – *Oviraptor*. Man nahm an, dass der Dieb von einem Sandsturm verschüttet wurde, während er nach Eiern grub. Aber wie es manchmal eben passiert, haben spätere Beweise Paläontologen dazu veranlasst, diese Erklärung wieder zurückzunehmen. Um 1990 hat eine andere Expedition in die Wüste Gobi die Versteinerung eines *Oviraptors* gefunden, der in einem Nest saß und Eier ausbrütete. Das bedeutet, dass die ersten Nester ebenfalls *Oviraptor*-Nester gewesen sein müssen.

Troodon-Eier
Versteinerungen von *Troodon*-Nestern zeigen, dass die Eier von ovalen Schlammringen umgeben waren, ähnlich wie die in den Nestern des *Oviraptors*. Die Eier lagen paarweise nebeneinander, was zu der Annahme führt, dass der Dinosaurier zwei Eileiter hatte. Ein heutiger Vogel hat nur einen Eileiter, um sein Körpergewicht gering zu halten, das Fliegen zu erleichtern.

Brütender Dinosaurier
Um 1990 wurde eine Versteinerung von einem *Oviraptor* gefunden, der in einem Nest saß und seine vorderen Gliedmaßen schützend über einige Eier ausgebreitet hatte. Er wollte sie offensichtlich mithilfe seines Körpers warm halten. Den Vögeln heute gelingt das sehr gut, weil ihre Federn ausgezeichnet isolieren. Das ist einer der indirekten Beweise dafür, dass *Oviraptor* und viele andere vogelähnliche Dinosaurier Federn trugen.

Vogel oder Dinosaurier?

Amerikanische Expeditionen in die Wüste Gobi um 1920 haben neben den ersten Dinosaurier-Nestern die Überreste vieler anderer Dinosaurier zutage gefördert. Einer von ihnen, den wir heute als *Mononykus* bezeichnen, ist den Forschern immer noch ein Rätsel. War er ein Vogel oder ein Dinosaurier? Handelt es sich um einen Vogel, dann sind die Vordergliedmaßen fürs Fliegen zu kurz. War er ein Dinosaurier, wozu sollte dann ein einziger Finger mit einer großen Kralle gut sein? Um 1980, als weitere Exemplare gefunden wurden, erkannte man, dass *Mononykus* zu einer Familie von verwandten Tieren, den Alvarezsauriden, gehören musste. Das ist eine Familie innerhalb der Maniraptora. Sie war von Südamerika bis Mittelasien verbreitet. Bis heute weiß man nicht, ob sie Vögel oder Dinosaurier sind.

Mononykus

Der bekannteste Vertreter der Alvarezsauriden ist *Mononykus*. Er sah wie ein leicht gebauter, Fleisch fressender Dinosaurier mit spindeldürren Beinen und einem langen Schwanz aus. Seine Vordergliedmaßen sind ungewöhnlich. Sie sind kurz und haben eine Knochenplatte, die bei heutigen Vögeln die Schwungfedern tragen würde. Außerdem besaß jeder Arm eine einzelne kräftige, stummelartige Klaue. Diese Vordergliedmaßen haben sich vermutlich aus den flugtauglichen Schwingen eines seiner Vorfahren, wie *Archaeopteryx* aus dem späten Jura, entwickelt.

Strauß

Eine Aufgabe der Flügel bei Laufvögeln von heute ist Zurschaustellung. Der Strauß führt mit seinen Schwungfedern ein herrliches Schauspiel vor, wenn er um ein Weibchen balzt oder einem Feind droht. Es ist möglich, dass die Tiere aus der Oberkreide, die halb Vogel, halb Dinosaurier waren, auf ihren flugunfähigen Flügeln ebenfalls prächtige Federn besaßen und sie für einen ähnlichen Zweck wie der Strauß einsetzten. Leider kann man ein solches Verhalten anhand von Fossilien nicht nachweisen.

Nandu

Der Nandu, ein Laufvogel, der in den Ebenen Argentiniens lebt, benutzt seine stummelartigen Flügel, um seinen Lauf zu steuern. Die flugunfähigen Vögel von heute haben sich aus fliegenden Vorfahren entwickelt, während der Zeit, als die Maniraptora allmählich ausstarben.

Patagonykus

Alvarezsaurus

Mononykus

Drei Alvarezsauriden

Der erste Vertreter dieser Familie, der beschrieben wurde, war *Alvarezsaurus*, den man in den 1970er-Jahren in Argentinien entdeckte. Dieses Exemplar hatte keine Vordergliedmaßen, sodass es nicht ungewöhnlich aussah, aber es besaß einen vogelähnlichen Körper. In den frühen 1990er-Jahren wurde ein gut erhaltenes Exemplar von *Mononykus* in der Mongolei entdeckt. Man stellte fest, dass es sich um zwei sehr ähnliche Tiere handelte. 1991 bestätigte die Entdeckung von *Patagonykus*, dass mehrere verwandte Arten zur Familie der Alvarezsauriden gehörten.

Zwischenstadium

Die Entwicklung von Dinosauriern zu Vögeln zeigt sich bei verschiedenen Tieren. Der straußgroße *Unenlagia* war zu groß, um zu fliegen, auch wenn seine Vordergliedmaßen die Form von kleinen Flügeln hatten. Wahrscheinlich dienten sie dazu, das Gleichgewicht zu halten und die Laufrichtung zu steuern, wenn das Tier sich schnell über die offenen Ebenen bewegte. Welche Aufgabe diese Flügel auch hatten, sie haben sich vermutlich aus den Schwingen eines fliegenden Vorfahren entwickelt.

Trias	Früher/Mittlerer Jura	Später Jura	Unterkreide	Oberkreide
248–208 Mio.	208–157 Mio.	157–146 Mio.	146–97 Mio.	97–65 Mio.

Schreckliche Hand

Ein interessantes Fossil aus den Gesteinsformationen der Oberkreide in der Mongolei zeigt ein Paar Arme von 2,5 m Länge mit Händen, die je drei Krallen tragen. Das Tier erhielt den Namen *Deinocheirus*, »Schreckliche Hand«, sonst wissen wir nichts von ihm. Die Knochen sehen so aus, als könnten sie einem Ornithomimiden gehören, sie sind aber viel größer als die von jedem bekannten Vertreter dieser Familie. Das Tier, das zu diesen außergewöhnlichen Knochen gehört, ist bisher ein Rätsel.

Gallimimus-Skelett

Gallimimus ist wahrscheinlich der bekannteste Vertreter der Ornithomimiden. Er hatte einen kleinen, zahnlosen Schnabel, mit dem er Früchte und andere Pflanzen pflückte. Dieser Dinosaurier konnte bis zu 80 km/h laufen und war damit fast so schnell wie ein Rennpferd. Meist schritt er langsam umher, jagte kleine Säugetiere oder pickte Samen und Insekten auf. Die Geschwindigkeit, die er erreichte, bedeutet, dass er seinen meisten Angreifern entkam. Der lange Schwanz diente als Gegengewicht zum Vorderkörper, während das Tier rannte. Der Beckenknochen zeigte ebenfalls nach vorne. Dieses Skelett ist im Naturhistorischen Museum in London ausgestellt.

Struthiomimus

Ornithomimiden

Alle Ornithomimiden sahen sich ähnlich, unterschieden sich aber in der Größe. *Struthiomimus* war so groß wie ein Strauß. *Pelecanimimus* war einer der frühesten Vertreter. Er hatte einen Hautsack unterhalb seines langen Kiefers, der Hunderte von winzigen Zähnen trug. Man nimmt an, dass die Zähne der Familie kleiner und kleiner wurden, bevor sie bei allen späteren Ornithomimiden ganz verschwanden. *Garidumimus*, der nach einem geheimnisvollen Vogel der Hindus benannt wurde, hatte auf dem Kopf einen kleinen Kamm. Das größte bekannte Tier war *Gallimimus*, der »Hühnernachahmer«, mit 4–5 m Länge ein riesiges Huhn.

Trias	Früher/Mittlerer Jura	Später Jura	Unterkreide	Oberkreide
248–208 Mio.	208–157 Mio.	157–146 Mio.	146–97 Mio.	97–65 Mio.

Vogelnachahmer

Von einer Familie der Dinosaurier weiß man schon lange, dass sie den Vögeln sehr ähneln. Die Ornithomimiden, »Vogelnachahmer«, hatten plumpe, gedrungene Körper, große Augen, zahnlose Schnäbel an kleinen Köpfen, die auf langen, schlanken Hälsen saßen, und lange Laufbeine mit kräftigen Muskeln in der Nähe der Hüfte. Typisch für diese Familie war ein Dinosaurier aus der Oberkreide, der *Struthiomimus* heißt. Obwohl sie zu der Gruppe Fleisch fressender Dinosaurier zählen und von Fleisch fressenden Vorfahren abstammen, waren diese Dinosaurier vermutlich Allesfresser. Früchte und Blätter standen genauso wie Insekten und kleine Wirbeltiere, z. B. Eidechsen, auf ihrem Speiseplan. Der Strauß und andere Bodenvögel von heute sind ebenfalls Allesfresser.

Optimiert auf Geschwindigkeit

Das Skelett eines Ornithomiden ist dem eines Vogels sehr ähnlich. Seinen Kopf trug er wahrscheinlich viel weiter vorne als der Strauß. Der lange Schwanz sorgte dann für ein Gegengewicht. Die Beine haben einen sehr kurzen Oberschenkelknochen, an dem vielleicht alle Muskeln ansetzten, sodass die Unterschenkel und Zehen nur mithilfe der Sehnen funktionierten. Das Ergebnis war ein sehr leichtgewichtiges Bein, das sich schnell bewegen konnte – ein Laufbein.

Gallimimus

Garidumimus

Pelecanimimus

Emu

Der Emu ist ein typisches Tier der Ebene. Seine scharfen Augen und der Kopf, der an einem langen Hals sitzt, können Gefahren in dem offenen Gelände schon von weitem erkennen. Die kräftigen Laufbeine tragen den Vogel dann mit hoher Geschwindigkeit aus der Gefahrenzone. Wegen der großen Ähnlichkeit im Körperbau glaubt man, dass die Ornithomimiden der Oberkreide in den weiten Ebenen Nordamerikas und Mittelasiens eine ähnliche Lebensweise hatten.

Erlikosaurus-Schädel

Der bekannteste Schädel eines Segnosauriden ist der von *Erlikosaurus*. Er sieht den Schädeln einiger Pflanzen fressenden Dinosaurier sehr ähnlich. Hinter einem zahnlosen Schnabel befinden sich kleine, blattförmige Zähne. Manche Wissenschaftler haben behauptet, dass es sich um den Schädel eines Fisch fressenden Dinosauriers hande, ,und dass zwischen den Fußknochen Schwimmhäute waren. Der Rest des Skeletts lässt jedoch darauf schließen, dass es sich nicht um ein schwimmendes Tier handelte.

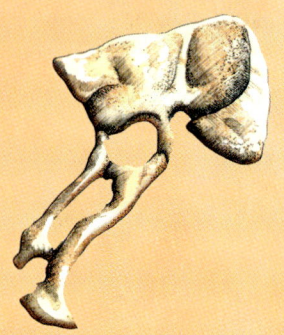

Segnosaurus-Hüftknochen

Fleisch fressende Dinosaurier haben gewöhnlich charakteristische Hüftknochen. Das Schambein zeigt vorwärts. Bei den Segnosauriden ist es nach hinten gedreht. Das sieht man sonst nur bei Pflanzen fressenden Dinosauriern, da so mehr Platz für die großen Verdauungsorgane entstand, die diese Tiere benötigen. Aufgrund seines Knochenbaus muss der Dinosaurier ein ungewöhnlich plumpes Aussehen gehabt haben.

Segnosauriden

Manchmal sind die Teile eines Skeletts, das man findet, keinem bekannten Dinosaurier ähnlich, sodass man nicht weiß, zu welcher Art das Tier gehörtc. Das ist bei den Segnosauriden der Fall. In den 1920er-Jahren wurden die ersten Knochen in Formationen aus der Oberkreide in der Mongolei gefunden. Man glaubte, sie würden zu einer Riesenschildkröte gehören, dann wurden sie in den 1970er-Jahren den Dinosauriern zugeordnet. Die einzelnen Knochenstücke waren sich so unähnlich, dass sie unterschiedlichen Dinosauriern zu gehören schienen. Der Name Therizinosauridae wird heute noch gelegentlich benutzt; die Bezeichnung entstand nach der ursprünglichen Zuordnung der Vordergliedmaßen; seit der Untersuchung des Schädels und des Rückgrats heißt die Gruppe Segnosauriden. Diese Dinosaurier hielt man für Fleischfresser, dann für Prosauropoden, die langhalsige Pflanzenfresser waren. Im Moment zählt man sie wieder zu den Fleischfressern.

Eine Parallele zu heute

Der Ameisenbär von heute ist ein Tier mit Krallen, die so aussehen, als wären sie zu groß für seinen Körper. Er benutzt sie, um die Wände von Ameisennestern aufzubrechen, damit er in die inneren Kammern gelangen kann, wo die Ameisen leben. Manche Wissenschaftler haben behauptet, so könnten die Segnosauriden gelebt haben, während andere bezweifeln, dass ein so großes Tier von dieser Art Nahrung satt werden konnte.

Trias	Früher/Mittlerer Jura	Später Jura	Unterkreide	Oberkreide
248–208 Mio.	208–157 Mio.	157–146 Mio.	146–97 Mio.	97–65 Mio.

Mächtige Klauen

Die Vordergliedmaßen von *Therizinosaurus* waren fast so lang wie die des rätselhaften *Deinocheirus* (siehe S. 22). Den größten Teil der Länge machten die Finger aus, von denen einer eine Kralle trug, die 70 cm lang war. Das entsprach gerade der Länge des Fingerknochens. Mit der hornigen Scheide darauf wäre die Klaue eineinhalbmal so lang gewesen. Wofür wurde diese Klaue benutzt? Die Paläontologen rätseln heute noch.

Segnosaurus

Charakteristisch für die Familie war das Aussehen von *Segnosaurus*. Er hatte einen ziemlich kleinen Kopf und einen schweren Körper, der von kurzen Hinterbeinen getragen wurde. Durch sein gekrümmtes Rückgrat muss er eine gebeugte Haltung gehabt haben. An seinen Händen hatte er gewaltige, sichelförmige Krallen. Ein Vertreter der Segnosauriden, *Beipiasaurus* (1999 entdeckt), trug die Überreste feiner federartiger Formen an seinen Gliedmaßen. Mit 6 m Länge ist er der größte bekannte gefiederte Dinosaurier. *Segnosaurus* scheint ebenfalls eine Art von Federkleid getragen zu haben.

Albertosaurus

Während der Oberkreide war Nordamerika die Heimat der Tyrannosauriden. Sie waren die
mächtigste Dinosaurierfamilie,
die je gelebt hat. Neben
Tyrannosaurus selbst
(siehe S. 28/29) gab es viele
andere Vertreter der Gruppe.
Am häufigsten kam ver-
mutlich *Albertosaurus* vor.
Von diesem Dinosaurier
existierten wahrschein-
lich sechs verschiedene
Arten, die alle
Tyrannosaurus
ähnelten, aber klei-
ner und leichter
waren als der König
der Tyrannenechsen.

Südamerika

Carnotaurus

In der Oberkreide gab es zwischen
Nord- und Südamerika keine Landverbin-
dung. Südamerika war eine Insel. Wie im Aus-
tralien von heute lebten während der Oberkreide
Tiere in Südamerika, die sonst nirgends auf der Erde
vorkamen. Die Dinosaurier, die dort am häufigsten zu
finden waren, gehörten zur Familie der Abelisauriden. Ihr
wahrscheinlich eindrucksvollster Vertreter war *Carnotaurus*,
der winzige Arme und einen sehr flachen Schädel mit zwei
Hörnern wie ein Stier hatte.

Isolation in der Oberkreide

Als die Dinosaurier auf der Erde erschienen, gab es nur eine Landmasse (siehe S. 7). Es existierte nur ein einziger Superkontinent, den man als Pangäa bezeichnet. Bis die Pangäa auseinander brach und die meisten Kontinente, die wir heute kennen, entstanden, dauerte es 150 Millionen Jahre. Am Anfang des Dinosaurierzeitalters lebten Tiere gleicher Art überall auf der Erde. Dann spaltete sich die Oberfläche der Erde in einzelne Teile, als in den Ozeanen Senkungsgräben aufbrachen. Danach entwickelten sich die Tiere auf unterschiedliche Weise weiter. Am Ende der Dinosaurierherrschaft gab es auf jedem Kontinent Fleischfresser, die aber mit denen auf anderen Erdteilen nicht mehr nah verwandt waren.

Europa

Asien

Afrika

Madagaskar

Tarbosaurus

Zu Beginn des Dinosaurierzeitalters gab es die Beringstraße noch nicht. Nordamerika war durch eine breite Landenge, die sich von Alaska westwärts erstreckte, mit Asien verbunden. Deshalb lebten auf beiden Kontinenten sehr ähnliche Tiere. Die wichtigsten Fleisch fressenden Dinosaurier Asiens waren ebenfalls Tyrannosauriden. *Albertosaurus* kam nicht nach Asien. Stattdessen entwickelten sich in Asien eigene Formen. Der größte Saurier, *Tarbosaurus*, war dem nordamerikanischen *Tyrannosaurus* sehr ähnlich.

Deltadromeus

Der größte Fleischfresser auf dem afrikanischen Kontinent (siehe *Carcharodontosaurus*, S. 30/31) hatte sich aus Tieren entwickelt, die mit *Allosaurus* (siehe S. 14/15) verwandt waren. Aber es gab auch zahlreiche andere Formen wie *Deltadromeus*, der sich aus kleinen Fleischfressern des Juras, den Coelurosauriden, entwickelt hatte.

Majungatholus

Der große Fleisch fressende Dinosaurier, der auf der Insel Madagaskar gefunden wurde, hieß *Majungatholus*. Es ist seltsam, dass es sich bei ihm um einen Abelisauriden, wie er in Südamerika und Indien vorkam, handelte. Letztlich bedeutet es, dass Südamerika, Madagaskar und Indien so lange miteinander verbunden waren, bis sich die Vorfahren der Abelisauriden über alle drei Kontinente ausbreiten konnten; das muss geschehen sein, nachdem Afrika schon abgetrennt war, weil Abelisauriden dort gewöhnlich nicht vorkommen.

Trias	Früher/Mittlerer Jura	Später Jura	Unterkreide	Oberkreide
248–208 Mio.	208–157 Mio.	157–146 Mio.	146–97 Mio.	97–65 Mio.

Tyrannosauriden

Der 12 m lange und 6 m hohe *Tyrannosaurus* muss die schlimmste Plage auf dem nordamerikanischen Kontinent gegen Ende des Dinosaurierzeitalters gewesen sein. Bisher wurden 15 Exemplare von *Tyrannosaurus* gefunden, die unterschiedlich vollständig sind. Dank dieser Funde können wir uns vorstellen, wie die gewaltigen Tiere ausgesehen haben. Aber es gibt immer noch Diskussionen darüber, wie sie gelebt haben. Manche Wissenschaftler glauben, sie waren aktive Jäger, die den Entenschnabel-Dinosauriern, den großen Pflanzenfressern dieser Zeit, im Schutz der Wälder auflauerten und sie angriffen. Andere behaupten, die Tiere wären für die aktive Jagd zu groß und hätten sich von Aas, dem Fleisch bereits toter Tiere, ernährt. Wahrscheinlich taten sie beides.

Fußabdruck
In den späten 1980er-Jahren wurde der fast 1 m lange Fußabdruck eines Dinosauriers auf einer Gesteinsplatte aus der Oberkreide in New Mexico (USA) gefunden. Dieser zeigt die Krallen eines Fleischfressers. Es gab nur einen Abdruck, also muss die Schrittweite des Tieres größer gewesen sein als die fast 3 m lange Steinplatte. Wissenschaftler schätzen, dass das Tier sich 8–10 km in der Stunde fortbewegt hat. Es ist nicht sicher, ob dieser Fußabdruck von einem *Tyrannosaurus* stammt, aber die Forscher kennen keinen größeren Fleisch fressenden Dinosaurier im Amerika der Kreidezeit.

Verschiedene Tyrannosauriden
Daspletosaurus aus Nordamerika ähnelte *Tyrannosaurus*, war aber etwas kleiner und hatte einen schweren Kopf mit weniger Zähnen, die aber größer waren. Der 6 m lange *Alioramus* war ein mittelgroßer Vertreter der Tyrannosauriden aus Asien. Er hatte einen langen Schädel mit Höckern und Stacheln auf der Schnauze. Der kleinste war *Nanotyrannus* aus dem heutigen Montana (USA) mit etwa 4 m Länge. Fachleute sind sich über den letzten Vertreter nicht einig. Manche glauben, es könnte sich um einen kleinen *Albertosaurus* handeln, aber der einzige Schädel, der untersucht werden konnte, stammt mit Sicherheit von einem erwachsenen Tier.

Nanotyrannus

Fürchterliches Gebiss

Tyrannosaurus hatte einen unglaublich kräftigen Kiefer und gewaltige Zähne, mit denen er das Fleisch seines Opfers in Stücke riss. Vertiefungen im Beckenknochen eines dreihörnigen Dinosauriers, *Triceratops*, aus der Oberkreide haben exakt die gleiche Größe und Form dieser Zähne. Aufgrund dieser Bisswunden gehen Wissenschaftler davon aus, dass der *Tyrannosaurus* in das Fleisch der Hinterbeine seines Opfers biss und es vom Knochen abriss, als der *Triceratops* bereits tot war.

Der Herrscher der Tyrannenechsen

Tyrannosaurus, das größte Exemplar der Tyrannosauriden, »Tyrannenechsen«, ist unter seinem vollständigen Artennamen *Tyrannosaurus rex* oder *T. rex* bekannt. Andere Dinosaurier haben ebenfalls Artennamen, die aus zwei Teilen bestehen wie *Allosaurus atrox*, *Velociraptor mongoliensis* und so weiter. Aber diese Namen werden in der Regel nur von den Wissenschaftlern benutzt.

Daspletosaurus

Alioramus

Koprolith

Versteinerter Tierkot wird von Geologen als Koprolith bezeichnet. Die Funde geben sehr nützliche Anhaltspunkte über die Ernährungsweise eines ausgestorbenen Tieres. Aber wie bei Fußabdrücken kann man oft nicht sagen, welche Koprolithen zu welchem Tier gehören. In Koprolithen von mehr als 20 cm Länge, die von einem *Tyrannosaurus* stammen dürften, wurden zersplitterte, unverdaute Knochenstücke gefunden.

Trias	Früher/Mittlerer Jura	Später Jura	Unterkreide	Oberkreide
248–208 Mio.	208–157 Mio.	157–146 Mio.	146–97 Mio.	97–65 Mio.

Riesiger Schädel

Der Schädel des *Carcharodontosaurus* ist fast vollständig bekannt, obwohl einige Knochen nachgebildet werden mussten. Das gelang den Wissenschaftlern mithilfe ihres Wissens über Dinosaurierschädel. Schließlich entstand ein Schädel von 1,5 m Länge. Im Kiefer sitzen kräftige, gekrümmte, haiähnliche Zähne. Über den Schädel von *Gigantosaurus* wissen wir viel weniger. Aber mit Sicherheit können wir sagen, dass der Kiefer nicht so mächtig war wie der des *Tyrannosaurus*. Auch die Zähne waren nicht so kräftig und das Tier hatte ein kleineres Gehirn als der König der Tyrannenechsen.

Carcharodontosaurus

Der mit *Allosaurus* aus dem Jura verwandte *Carcharodontosaurus* stammte aus Marokko (Afrika). Die ersten Fossilien von ihm wurden von einer deutschen Forschungsgruppe 1925 entdeckt. Sie existieren nicht mehr, weil das Museum, in dem sie ausgestellt waren, während des Zweiten Weltkriegs Bomben zum Opfer fiel. Auch die Überreste von *Spinosaurus*, die auf der gleichen Expedition gefunden worden waren, gingen bei dem Bombenangriff verloren. Erst als weitere Versteinerungen Mitte der 1990er-Jahre entdeckt wurden, konnten die Paläontologen erkennen, dass *Carcharodontosaurus* ein Riese von 15 m Länge war.

Trias	Früher/Mittlerer Jura	Später Jura	Unterkreide	Oberkreide
248–208 Mio.	208–157 Mio.	157–146 Mio.	146–97 Mio.	97–65 Mio.

Die neuen Herrscher

Welcher war der größte, stärkste und fürchterlichste Fleisch fressende Dinosaurier, der je lebte? *Tyrannosaurus*? Nein! Während der letzten hundert Jahre haben wir angenommen, dass *Tyrannosaurus* der mächtigste Fleisch fressende Dinosaurier war. Viele Generationen von Wissenschaftlern haben sogar behauptet, mechanisch sei es unmöglich, dass größere Fleischfresser gelebt haben. Aber jetzt wurden die Überreste von noch größeren Fleisch fressenden Tieren gefunden. Um 1990 hat man zwei Skelette innerhalb eines Jahres entdeckt: das eine in Südamerika, das andere in Afrika. Obwohl beide Skelette nicht vollständig waren, scheinen sie einer Gruppe von Dinosauriern angehört zu haben, die noch länger waren als *Tyrannosaurus*.

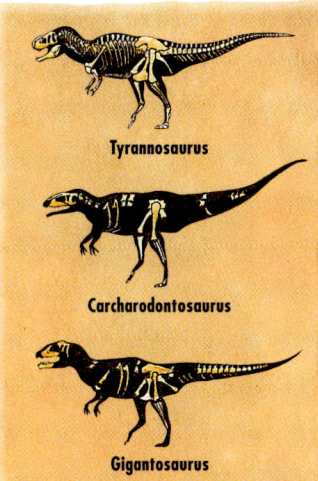

Tyrannosaurus

Carcharodontosaurus

Gigantosaurus

Vergleich der Riesen

Sowohl *Carcharodontosaurus* als auch *Gigantosaurus* waren länger als der ehemalige Rekordhalter *Tyrannosaurus*. Aber wie die Abbildungen oben zeigen, ist nur *Tyrannosaurus* durch das vollständige Skelett bekannt. Bei den beiden anderen gibt es immer noch vieles, was wir nicht wissen. So können wir immer noch sagen, dass der größte Fleisch fressende, vollständig bekannte Dinosaurier *Tyrannosaurus* ist.

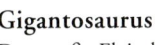

Gigantosaurus

Der große Fleisch fressende Dinosaurier *Gigantosaurus* scheint mit dem *Carcharodontosaurus* nah verwandt zu sein, obwohl er in der Kreidezeit isoliert in Südamerika lebte, während der andere in Afrika vorkam. Wahrscheinlich haben sich die Vorfahren dieser Tiere in der Unterkreide, bevor die Kontinente durch die Ozeane voneinander getrennt wurden, über die ganze Erde verbreitet. Danach hat sich *Gigantosaurus* eigenständig weiterentwickelt.

Schon gewusst ...?

Dass Fossilien von Dinosauriern entstehen, ist ungewöhnlich. Versteinerungen gibt es fast nur von Tieren, die im Wasser leben. Gesteine, in denen man Fossilien findet, werden durch Ablagerungen gebildet, die im Bett eines Meeres, Sees, Flusses, manchmal auch in Wüsten entstehen. Wenn ein Landbewohner stirbt, ist er die Mahlzeit Aas fressender Tiere, der Körper wird in Stücke geteilt und was übrig bleibt, wird von Insekten abgefressen oder von Mikroorganismen (Bakterien) zersetzt. Damit ein Dinosaurier versteinert wurde, musste sein Körper ins Wasser fallen und sofort unter Ablagerungen vergraben werden, sodass keine anderen Lebewesen herankommen konnten.

Wir kennen etwa ein Fünftel der Dinosaurierarten, die je gelebt haben. Für einen Dinosaurier, der in Bergwäldern oder an Gebirgshängen heimisch war, wäre es sehr schwierig gewesen, jemals versteinert zu werden. In Anbetracht der Vielfalt heutiger Tierarten und der Lebensräume schätzen Wissenschaftler, dass es 1200 bis 1500 verschiedene Dinosaurierarten gegeben hat. 300 davon sind bekannt.

Trotz aller Beweise bezweifeln manche Wissenschaftler immer noch, dass Vögel sich aus Dinosauriern entwickelt haben. Sie glauben, dass Vögel von den gleichen krokodilähnlichen Vorfahren abstammen, aus denen sich auch die Dinosaurier entwickelt haben, und dass die beiden Linien sich in der Trias voneinander getrennt haben. Heute denken die meisten Wissenschaftler, dass die Dinosaurier vor 65 Millionen Jahren nicht ausgestorben sind, sondern nur Federn bekamen und sich in die Lüfte erhoben!

Fast gäbe es den Begriff »Dinosaurier« nicht. 1832 war der deutsche Paläontologe Hermann von Meyer der erste Wissenschaftler, der versuchte, diese neu entdeckten Tiere einer eigenständigen Gruppe zuzuordnen. Er nannte sie »Pachypoda«. Der Begriff »Dinosaurier«, »Schreckechsen«, den der britische Wissenschaftler Sir Richard Owen neun Jahre später einführte, wurde dann allgemein anerkannt.

Die Deutsche Bibliothek – CIP Einheitsaufnahme

Dinosaurier: Fleischfresser / aus dem Engl. von Feryal Kanbay. - München : Ars-Ed., 2002
(Wissen der Welt) Einheitssacht.: Carnivores <dt.>
ISBN 3-7607-4743-4

Copyright © 2002 für die deutsche Ausgabe: arsEdition, München
Aus dem Englischen von Feryal Kanbay
Redaktion: Magda-Lia Bloos
Textlektorat: Annette Maas
Umschlaggestaltung der deutschen Ausgabe: Eva Schindler
First Published in Great Britain by ticktock Publishing Ltd.
Titel der Originalausgabe: »Carnivores«

Copyright © 2001 ticktock Publishing Ltd.
Illustrationen: John Alston, Lisa Alderson, Dougal Dixon, Simon Mendez und Luis Rey
Alle Rechte vorbehalten · Printed in Belgium

ISBN 3-7607-4743-4

Danksagung: Der Verlag bedankt sich bei Helen Wire, www.fossilfinds.com, und Elisabeth Wiggans für ihre Hilfe
Bildnachweis: o = oben, u = unten, M = Mitte, l = links, r = rechts, Uv = Umschlag vorne, Uh = Umschlag hinten

Lisa Alderson: 2ul, 2/3M, 10/11M, 17o, 20l, 21M, 25M, 31ur; John Alston: Uv, 2ol, 6/7M, 7o, 12o, 12u, 14ol, 15o, 18Ml, 18ul, 21or, 24ol, 24ol, 25or, 26/27, 28ol, Uh; Corbis: 6ol, 9u, 20u, 21or, 23or, 23ur, 24Mu; Dougal Dixon: Uv, 3u, 4u, 8u, 9ol, 9or, 17u, 31or; Fossil Finds: 2Ml, 12M, 19or, 29ur; Dr Peter Griffith: Uv, 13o, 17M; Simon Mendez: Uv, 6/7u, 8M, 10-11M, 14/15M, 16u, 16/17M, 18ol, 22/23M, 29Mr, 30M, Uh; Natural History Museum: 7Mr, 10ol, 29o, Uh; Oxford City Museum: 4ol, 4M, 4or; Planet Earth Pictures: 10ul; Luis Rey: 19M, 28/29M; Paul Sereno: 3Mr, 30or

Register